CW01670432

LA FLÛTE ENCHANTÉE

Pierre Coran
Illustré par Charlotte Gastaut

À Carl et Claire.
P. C.

Merci merci merci, Pierre !
Pour Violette qui a si peur de la nuit.
Voici une belle histoire à lire
avant de t'endormir. Maman.
C. G.

Père Castor ■ Flammarion

www.editions.flammarion.com
© Flammarion, 2015
Éditions Flammarion – 87, quai Panhard-et-Levassor – 75647 Paris Cedex 13
ISBN : 978-2-0813-4221-7 – N° d'édition : L.01EJDN001072.C002
Dépôt légal : novembre 2015
Imprimé au Portugal par Printer - 03/2016
Loi n° 49-956 du 16 juillet 1949 sur les publications destinées à la jeunesse

Dans un pays de monts et de forêts vivait un marchand d'oiseaux appelé Papageno.
Un jour, sur un sentier, il aperçut un énorme serpent que trois lances transperçaient.
Près de là, un jeune prince, du nom de Tamino, était allongé dans l'herbe.
Un arc brisé gisait à ses pieds.
Papageno s'approcha et déposa la cage qu'il portait sur le dos.
Éveillé par les cris d'oiseaux, l'inconnu ouvrit les yeux.
– Où suis-je ? N'est-ce qu'un rêve ?
Apercevant la bête morte, il demanda à l'oiseleur :
– Est-ce toi qui as tué l'affreux serpent qui me poursuivait ?
– Euh ! Oui... Oui, c'est moi, moi, Papageno ! bafouilla-t-il.

À cet instant, dans un éclair blanc, une dame à la robe étoilée
sortit d'un rocher et s'adressa au prince :
– Je suis la Reine de la Nuit...
Ce sont trois de mes suivantes, et non ce marchand d'oiseaux, qui ont tué le serpent.
La reine tendit à Tamino le portrait d'une jeune fille et supplia :
– Prince, à ton tour d'être mon sauveur.
Le Maître du Bois Sacré, l'infâme Sarastro, a enlevé ma fille.
Il la retient prisonnière dans son château.
Va ! Délivre Pamina, et elle sera à toi pour l'éternité.
Accepte cette flûte, elle t'aidera. Et toi, l'oiseleur menteur, prends ce carillon.

La princesse était très belle.
Tamino décida de la retrouver et partit vers le Bois Sacré.
Le marchand d'oiseaux le suivit en maugréant :
– Ce Sarastro est méchant comme un tigre.
Il me fera plumer, griller, jeter aux chiens.

Dès qu'ils arrivèrent dans la cour du château entourée de palmiers,
des bêtes sauvages leur barrèrent le chemin.
Vert de peur, Papageno se cacha sous les arbres.
Resté seul et sans son arc, Tamino ne se sauva pas pour autant.
Il fit chanter la flûte de la Reine de la Nuit, et – ô magie ! –
les animaux qui le menaçaient se mirent à danser de façon ridicule
et s'en retournèrent.

Les bêtes sauvages avaient à peine disparu qu'un char conduit par Sarastro et tiré par six lions pénétra dans la cour. Tamino courut vers lui et cria :

– Rends Pamina à sa mère. La Reine est malheureuse par ta faute.

– Fier jeune homme, que penser d'une mère qui offre sa fille pour la vie à un inconnu ? lui répondit calmement le maître des lieux. Pamina n'est pas ma prisonnière. Avant de mourir, son père m'a transmis le trésor du Bois Sacré, son collier d'or aux sept soleils. Il m'a demandé de protéger sa fille de la Reine qui rêve de dominer le monde.

– Maître, laissez-moi la voir, lui parler.

– Cherche Pamina, et allez votre chemin.

Tamino marcha longtemps entre les palmiers.
Comme il ne rencontrait personne, il fit chanter la flûte et – ô magie ! – dans l'ombre bleue du grand jardin, il aperçut une jeune fille.

– Je suis le prince Tamino, dit-il en s'inclinant devant la belle inconnue.

Pamina, car c'était elle, lui sourit :

– Bienvenue, Tamino ! Sais-tu que cette flûte dont tu joues, mon père l'a taillée dans un chêne de mille ans ? Il prédisait que seul un cœur pur pourrait l'enchanter. Tu es celui-là ! Tu es le prince dont je rêvais. Viens, suis-moi.

Le prince et la princesse se promenaient en bavardant
quand brusquement, au détour d'un sentier, les gardes du château les entourèrent.
Leur chef, un géant, se présenta :
– Je suis Monostatos, le gardien de la princesse.
Il pointa son épée vers Tamino et gronda :
– J'aime Pamina. Elle ne sera jamais à toi, jamais.

Face à ce nouveau danger, Tamino n'eut pas besoin d'utiliser sa flûte
car à l'instant, le carillon de Papageno retentit et – ô magie ! –
Monostatos et les gardes se mirent à danser de façon ridicule et s'en retournèrent.

Papageno avait suivi Tamino à distance.
Il réapparut plus fier qu'un oiseau des îles et offrit à la princesse le plus beau rossignol de sa cage.
– J'ai une folle envie de me remplir la panse, s'écria-t-il gaiement.
Et il détala à toutes jambes vers le château.

En entrant dans la cuisine, l'oiseleur n'en crut pas ses yeux ni ses narines.
Une longue table garnie de plats odorants semblait être dressée pour lui.
– Ho, là ! Il y a quelqu'un ?
Personne ne répondit.
Papageno s'installa et mangea tant qu'il put, tout en se lamentant :
– Tamino est amoureux, et moi, pauvre Papageno, je n'ai pas de belle à aimer...
– Je suis là, mon ange ! murmura alors une douce voix.

L’oiseleur se retourna et recula, horrifié, en découvrant une vieille sorcière habillée d’un long manteau, le visage dissimulé par un chapeau.
– Donne-moi ta main, lui dit-elle.
Comme Papageno s’apprêtait à fuir, la sorcière s’écria :
– Obéis, ou ce sera la prison éternelle au pain sec, à l’eau, et sans amie.
– Sans amie ? Ah, non ! Pitié ! gémit le marchand d’oiseaux en tendant une main.

Il se passa alors une chose extraordinaire.
Jetant son manteau et son chapeau, la vieille femme se transforma en une jeune et jolie demoiselle aussi emplumée que l'oiseleur.
– Je suis Papagena.
– Pa pa pa pa pa pa Papagena, es-tu à présent toute à moi ?
– Pa pa pa pa pa pa Papageno, à présent, je suis toute à toi.

Fou de joie, Papageno fit tinter son carillon, et – ô magie ! – une machine volante conduite par trois garçons se posa près d'eux. Vite, Papagena et Papageno sautèrent dans la nacelle qui reprit son vol. Ils riaient, chantaient à pleine voix :

« Volons, volons, volons
Au-delà des bois,
Au-delà des monts.
Et quand plus tard,
Nous viendrons revoir
Pamina et Tamino,
Nous aurons, ce jour-là,
De petits Papageno
Et de petites Papagena. »

La nuit était tombée quand tout à coup, des torches apparurent.
La voix de la Reine résonna :
– Gardes, vous qui me servez pour que je devienne la Reine du Monde, courez libérer ma fille puis incendiez ce maudit château. Chassez Sarastro par l'épée et ramenez-moi le trésor du Bois Sacré.
– Si je sauve Pamina, sera-t-elle à moi pour la vie ? lui demanda Monostatos.
– Réussis là où le prince s'est dérobé, et ma fille sera à toi, clama la Reine.

À ces mots, le géant brandit son arme et se glissa dans la cour.
Il y fut accueilli par une pluie d'éclairs et des coups de tonnerre.
Des vents se déchaînèrent si violemment que Monostatos
et ses hommes déguerpirent en hurlant de peur.
La Reine les rappela. Aucun ne revint.
Abandonnée par ses gardes, elle clama son désespoir :
– Mon pouvoir est anéanti. Me voilà plongée dans l'ombre éternelle.

Seule, sous le rocher, celle qui rêvait de dominer le monde regagna
son château de nuit.

Pamina et Tamino, qui se trouvaient non loin de là
à contempler la lune claire, avaient tout entendu.
La princesse, troublée, désemparée, se serra contre le prince.
D'un seul coup, un mur de flammes se dressa devant eux.
– Joue, Tamino, joue, lui cria Pamina.
La flûte de mon père nous protégera.
Le prince fit chanter la flûte.
Alors, – ô magie ! – le mur de feu s'ouvrit lentement, et tous deux le traversèrent.

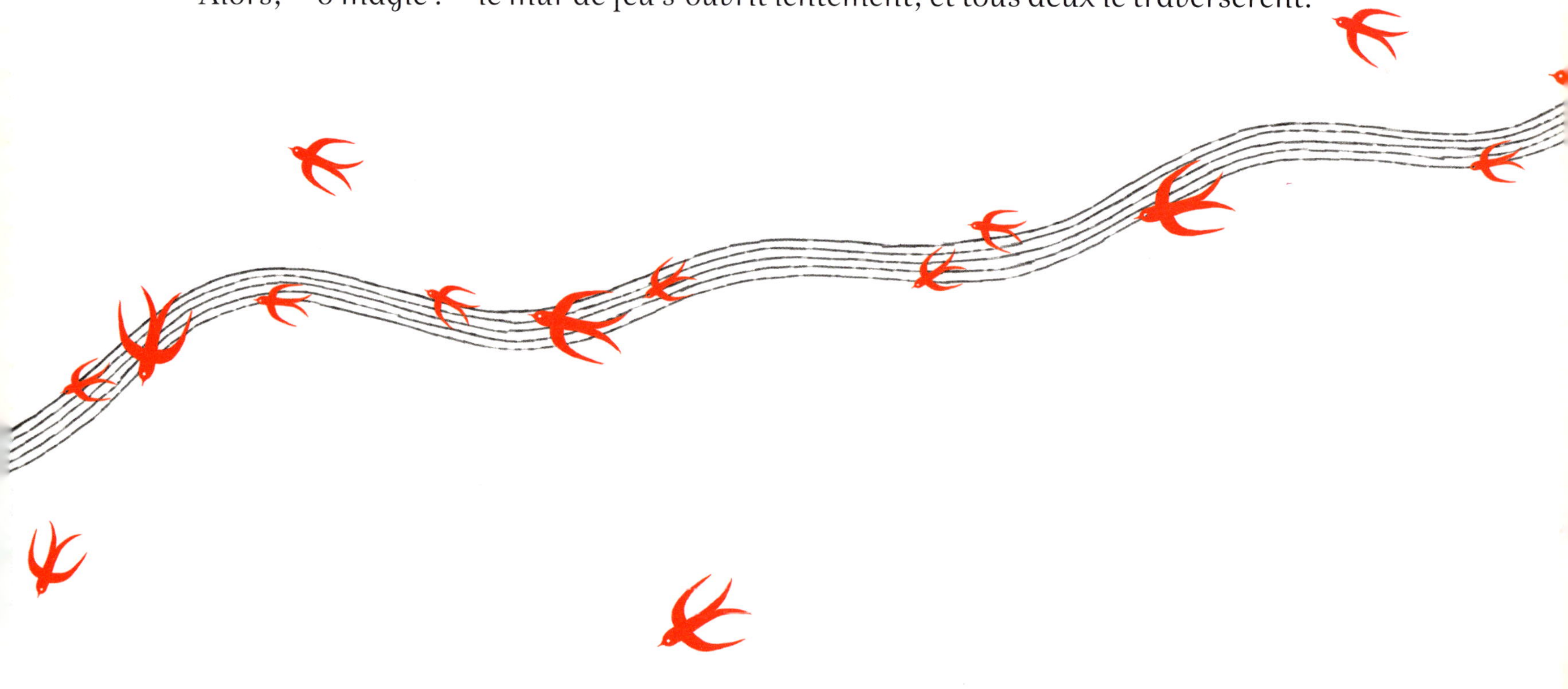

D'un seul coup, un mur d'eau leur barra le chemin.
Sans hésiter, Pamina s'empara de la flûte enchantée.
Elle en joua et – ô magie ! – le mur d'eau s'ouvrit lentement,
et tous deux le franchirent.

À l'instant, les vents se turent et un rossignol chanta.
– Plus rien ne peut désormais nous séparer ! s'écria Pamina.
Allons retrouver Sarastro.

Lorsque le prince et la princesse pénétrèrent dans le château,
Sarastro se tenait debout entre deux colonnes devant des hommes assis.
Son collier d'or aux sept soleils brillait à la lumière des flambeaux.
– Nous vous attendions, leur dit le Maître.
Vous avez bravé l'air, le feu et l'eau de la terre.
Pamina, tu es maintenant une femme libérée ainsi que ton père le souhaitait.
Il ne m'appartient plus de te montrer le chemin.
Le jeune prince qui t'aime, et que ton cœur a choisi, sera un souverain sage.
Nul n'en doute ici. Allez, et que l'Amour guide vos pas !

Dehors, la lumière du matin chassait la nuit.
Auréolés de soleil, Tamino et Pamina échangèrent un doux baiser.
Pour eux, un nouveau jour venait de naître.

Dans le lointain, ils crurent entendre tinter un carillon...